Sabrina Brück

Modellierungskonventionen

Regeln bei der Erstellung eines Modells

Sabrina Brück

Modellierungskonventionen

Regeln bei der Erstellung eines Modells

GRIN Verlag

Bibliografische Information der Deutschen Nationalbibliothek: Die Deutsche Bibliothek
verzeichnet diese Publikation in der Deutschen Nationalbibliografie; detaillierte bibliografische Daten sind im Internet über http://dnb.d-nb.de/ abrufbar.

1. Auflage 2011
Copyright © 2011 GRIN Verlag
http://www.grin.com/
Druck und Bindung: Books on Demand GmbH, Norderstedt Germany
ISBN 978-3-640-85273-4

SEMINARARBEIT

im Fach   :   **Wirtschaftsinformatik**

Thema   :   **Modellierungskonventionen**

bearbeitet von

Name   :   **Sabrina Brück**

Abgabetermin   :   07.01.2011

Inhaltsverzeichnis

Abbildungsverzeichnis

Tabellenverzeichnis

Abkürzungsverzeichnis

7PMG	Seven Process Modeling Guidelines
BPML	Business Process Modeling Language
EPK	Ereignisgesteuerte Prozesskette
ERM	Entity Relationship Modell
GoB	Grundsätze ordnungsgemäßer Buchführung
GoM	Grundsätze ordnungsgemäßer Modellierung
UML	Unified Modeling Language

1. Einleitung

Modelle findet man in der heutigen Zeit bei Unternehmen verschiedenster Branchen vor. Sie werden zur Veranschaulichung von Problemstellungen, zur Visualisierung von Prozessen oder zur Vereinfachung verschiedenster Abläufe herangezogen.

Durch diese Vielschichtigkeit in der Verwendung und der Einsatzmöglichkeit entsteht allerdings automatisch die Frage nach der Qualität[1] eines solchen Modelles. Es entsteht beispielsweise das Problem, dass viele Modelle den gleichen Sachverhalt unterschiedlich darstellen. Bei Unternehmen, die global agieren, besteht somit die Gefahr, dass gleiche Modelle nicht erkannt werden und somit Redundanzen auftreten bzw. bestehende Modelle nicht miteinander verglichen werden können, aufgrund der unterschiedlichen Darstellung und Modellierungsmethoden.

Um dieser Problematik entgegenzuwirken, sind in der Literatur verschiedenste Modellierungskonventionen aufgestellt worden. Diese Konventionen sollen sicherstellen, dass direkt bei der Erstellung eines Modelles gewisse Regeln beachtet werden, damit beispielsweise die oben genannten Probleme von vornherein vermieden werden können.

Die folgende Seminararbeit beschäftigt sich mit verschiedenen Arten von Modellierungskonventionen, zeigt Verbindungen und Gegensätze auf und gibt einen Überblick über die Verwendung solcher Konventionen in der Ereignisgesteuerten Prozesskette (EPK).

---

[1] Becker, J., et. al: Prozessmanagement: Ein Leitfaden Zur Prozessorientierten Organisationsgestaltung, 5. Ausgabe, Springer Japan 2005, Seite 46

2. Grundlagen und Terminologie

2.1. Modell

Der Modellbegriff kann unterschiedlich definiert werden, je nach Sicht auf das jeweilige Modell. Stachowiak legt den Schwerpunkt auf die Art und Weise, in der Modelle tatsächliche Sachverhalte darstellen. In seinem Ansatz hebt er demnach drei grundlegende Merkmale von Modellen hervor:[2]

1) Abbildungsmerkmal: Modelle sind dafür geschaffen, etwas abzubilden. Sie verweisen somit auf das Original, zu dem sie in einer Abbildungsrelation stehen.
2) Verkürzungsmerkmal: Modelle können gegenüber dem Original Verkürzungen, also Abstraktionen, vornehmen. Somit stellen sie nur Teile und nicht das vollständige Original dar.
3) Pragmatisches Merkmal: Da verschiedene Originale existieren, kann keine einheitliche Regel erstellt werden, die besagt, welche Teile eines Originals durch ein Modell abgebildet werden sollen. Diese Frage wird somit pragmatisch beantwortet. Je nachdem welchen Zweck das Modell erfüllen soll, werden die wichtigen Teile durch das Modell abgebildet. Die Teilaspekte des pragmatischen Merkmals sind damit die Zeit, Intention und Subjektivität.

Bossel legt seinen Schwerpunkt im Gegensatz dazu auf den Nutzen eines Modelles. Er ordnet die Modelle somit in die folgenden drei Kategorien ein[3]:

1) Präskriptive Modelle: Modelle dieser Kategorie geben eine Hilfestellung für den Anwender. Sie enthalten allgemeine Empfehlungen und Vorschriften um dem Anwender bei Entscheidungen und Handlungen zu unterstützen.
2) Explikative Modelle: Diese Modelle werden zur Erklärung verschiedener Abläufe und Vorgehensweisen herangezogen. Allerdings werden diese Abläufe nicht nur beschrieben, sondern können auch nachvollzogen werden.
3) Deskriptive Modelle: Ein deskriptives Modell dient der Abbildung eines bestimmten Sachverhaltes.

Vereinigt man nun die beiden Sichtweisen von Stachowiak und Bossel, kann

---

[2] Stachowiak, H.: Allgemeine Modelltheorie. Wien, New York, Springer 1973, S. 131 ff.
[3] Bossel, H.: Modellbildung und Simulation: Konzepte, Verfahren und Modelle zum Verhalten dynamischer Systeme, Braunschweig, 2. Auflage, Vieweg 1992, S. 12

man zu dem Ergebnis kommen, dass ein Modell einerseits dazu dient, bestimmte Sachverhalte abzubilden, allerdings nicht der gesamte Sachverhalt dargestellt werden muss. Wichtige Teile werden meist herausgegriffen und dienen somit als Hilfestellung für den weiteren Verlauf eines Projektes.

2.2. Modellierung

Bevor eine Idee in Software implementiert oder in einem Prozess umgesetzt wird, ist es üblich, ein Modell zu erstellen. Dieses Modell wird mit Hilfe der Modellierung geschaffen. Die Modellierung eines Ablaufes dient dazu

- frühzeitig Fehler zu erkennen, die dann kostengünstig und schnell behoben werden können, bevor das Produkt oder der Prozess vollständig umgesetzt wird.
- Projektionen in die Zukunft zu ermöglichen. Wenn es beispielsweise um ein neuartiges System geht, welches Unternehmen ermöglicht, flexibel und schnell auf Krisensituationen zu reagieren, können anhand des durch die Modellierung erstellten Modells Prognosen erstellt werden, um vorauszusagen, in wie weit das System reagieren kann.
- das Original zu schützen. Verbessert man zum Beispiel ein bereits bestehendes Objekt, können Experimente, die direkt am Original durchgeführt werden, das Objekt beschädigen. Wird ein Modell erstellt, können viele Versuche an dem Modell durchgeführt werden, bis eine optimale Lösung gefunden wurde.

Zur Modellierung stehen verschiedenste Arten von Modellierungssprachen, -werkzeugen und -methoden zur Verfügung.

1) Modellierungssprachen: künstlich definierte Sprachen, basierend auf formalen, semiformalen oder grafischen Beschreibungsmitteln, die dazu dienen Modelle zu erstellen.[4] Bislang hat sich keine einheitliche Sprache in Theorie und Praxis etabliert, allerdings die am weitesten verbreitete Modellierungssprache ist die standardisierte Unified Modeling Language (UML). Bekannt sind auch z.B. Petrinetze, Business Process Modeling Language (BPML) oder die ereignisgesteuerte Prozesskette (EPK).
2) Modellierungswerkzeuge: Es existieren drei verschiedene Arten von

---

[4] Richter-von Hagen, C., Stucky, W.: Business-process- und Workflowmanagement-Verbesserungen durch Prozessmanagement, Vieweg+Teubner Verlag 2004, S.63

3

Modellierungswerkzeugen:[5] Werkzeuge, die nur zur Visualisierung der Modelle dienen, statische Werkzeuge (hier können zusätzlich zur Visualisierung noch weitere Informationen eingegeben werden, wie beispielsweise Zeit und Kosten) und dynamische Werkzeuge, die auch noch in der Lage sind, Simulationen durchzuführen. Das meist genutzte Anwendungsgebiet von Modellierungswerkzeugen liegt in der Abbildung von Geschäftsprozessen als Basis für optimierende Analysen.

3) Modellierungsmethoden: Sie werden auf das jeweilige Projekt abgestimmt und je nach Umfang und Ablauf wird eine geeignete Methode ausgewählt. Sie unterstützen die Modellbildung durch die Verwendung von Sprachkonstrukten (Modellierungssprachen), in der das Modell repräsentiert wird, und einer methodenspezifischen Vorgehensweise (Vorgehensmodell), die die notwendigen Schritte und deren zeitlich-logische Reihenfolge zur Entwicklung des Modells beschreibt. [6]

---

[5] Wagner, K.W, Patzak, G.: Performance excellence - Der Praxisleitfaden zum effektiven Prozessmanagement, Hanser Verlag 2007, S. 288
[6] Klabunde, S.: Wissensmanagement in der integrierten Produkt- und Prozessgestaltung- Best-practice-modelle zum Management von Meta-Wissen, DUV 2003, S. 52

3. Modellierungskonventionen

3.1. Überblick

Bei der Erstellung von Modellen gibt es viele verschiedene Vorgehensweisen, um an das eigentliche Ergebnis zu gelangen. Somit kann die Situation entstehen, dass zum gleichen Sachverhalt mehrere Modelle existieren, die sich allerdings in ihrem Aufbau erheblich unterscheiden. Um Vergleiche durchzuführen oder verschiedene Modelle zu vereinheitlichen, ist dies ein schlechter Ausgangspunkt. Aus diesem Grund wurden verschiedene Regeln aufgestellt, sogenannte Modellierungskonventionen, die man bei der Erstellung eines Modelles beachten sollte.

Mit Hilfe dieser Konventionen wird sichergestellt, dass man beispielsweise eine einheitliche Verwendung der herangezogenen Modellierungstechniken hat. Führt man allerdings Regeln ein, geht dies einher mit Einschränkungen zum Beispiel der Modellierungsfreiheit[7] bei der Erstellung von Modellen. Diese Einschränkung ist jedoch notwendig, wenn man darauf hinarbeitet, die Modellqualität durch die Reduktion der Vielfalt in der Modellausgestaltung zu erhöhen.

Im weiteren Verlauf dieses Kapitels werden einige verschiedene Modellierungskonventionen aufgezeigt und näher erläutert, gegliedert in zwei verschiedene Phasen: die Phase vor dem Beginn der Modellierung und während der Modellierung.

3.2. Das Metamodell

Zu Beginn der Modellierung und noch bevor man sich für eine Modellierungssprache entscheidet, ist es notwendig, ein sogenanntes Metamodell festzulegen. Dieses Modell wird aufgrund von Modellierungszweck und Präferenzen des Anwenders und des Modellierers definiert und bildet somit den Rahmen, in den jedes danach erstellte Modell eingeordnet werden kann.[8] Liegt ein konkreter Anwendungszweck vor, sollte das Metamodell einen hohen Formalisierungsgrad aufweisen, ansonsten genügt auch weniger formale Darstellung.

---

[7] Becker, J., et al. : Grundsätze ordnungsgemäßer Modellierung, Wirtschaftsinformatik 37, 1995, S.437

[8] Becker, J., Schütte, R.: Handelsinformationssysteme: Domänenorientierte Einführung in die Wirtschaftsinformatik, MI Wirtschaftsbuch, 2004, S. 139

Das Metamodell legt fest, welche Elemente bei der Modellierung verwendet werden dürfen und wie diese zu verwenden sind.[9] Im nächsten Kapitel werden diese genauer erörtert.

3.3. Modellierungselemente

Modellierungselemente können als Regeln, die den Rahmen vorgeben und das weitere Vorgehen einleiten, verstanden werden. Der erste Schritt in diesem Ablauf - nach der Bestimmung des Metamodells - stellt meist die Suche nach dem geeigneten Modellierungstyp (z.b. EPK (Ereignisgesteuerte Prozesskette), Vorgangsketten, Flussdiagramm...) dar. Hat man sich auf einen Typ festgelegt, sollte man während der Modellierung nicht zwischen verschiedenen Typen wechseln und sich konkret an die Modellierungsregeln des jeweiligen Typs halten.

Desweiteren ist es wichtig, Vorgaben zu treffen im Hinblick auf die zu verwendenden

- Modellattribute: Für jeden Modelltyp sollten die entsprechenden Attribute festlegt werden[10], die zu pflegen sind (z.b. Verantwortlicher, Modellstatus, Ersteller...). Hierbei sind Muss- und Kann-Attribute zu unterscheiden und separat aufzugliedern. Dabei sollte stets versucht werden, so wenige Attribute wie möglich, jedoch so viele wie nötig zuzulassen.[11]
- Objekttypen: Hierbei muss vorgegeben werden, welche Objekttypen (z.B. Datenobjekte, Informationsobjekte, Systemobjekte...) in den jeweiligen Modelltypen verwendet werden. Wie auch schon bei den Modellattributen erwähnt, ist es notwendig, die Anzahl an Objekttypen zu minimieren, da besonders hierbei die Komplexität eines Modelles mit jedem Objekttyp stark ansteigt. Hierzu werden häufig aus bereits bestehenden Mengen an alternativen Repräsentationen von verwandten Konstrukten (wie beispielsweise Organisationseinheit, Rolle, Mitarbeiter...) die relevanten Objekttypen ausgewählt und verwendet. Weiterhin wird vorgegeben, welche Objektsymbole in dem jeweiligen

---

[9] Freud, J., Götzer, K.: Vom Geschäftsprozess zum Workflow: Ein Leitfaden für die Praxis, Hanser Verlag 2008, S.37
[10] Krechel, D.: Geschäftsprozesse und Workflowmanagement, Fachhochschule Wiesbaden, Medieninformatik, 2006, S.5
[11] Becker, J., et. al: Prozessmanagement: Ein Leitfaden Zur Prozessorientierten Organisationsgestaltung, 5. Ausgabe, Springer Japan 2005, Seite 77

Modell verwendet werden, falls eine Auswahl an Symbolen vorhanden ist.[12]

- Objektattribute: Je Objekttyp werden bestimmte Objektattribute festgelegt, wobei auch hier zwischen Muss- und Kann-Attributen unterschieden wird. Attribute wie beispielsweise Verfasser, Beschreibung o.ä. werden in allen Objekttypen gleich behandelt und können somit bereits bei Beginn der Modellierung verbindlich festgelegt werden. Zu beachten ist, dass sich der Pflegeaufwand[13] eines Modells stark reduziert, je weniger Objektattribute in einem Modell vorhanden sind.

- Kantenrollen: Um einem Modell eine logische Abfolge zu geben, ist es notwendig, Kanten einzuführen. Im Normalfall folgen die Kanten der Richtung des Kontrollflusses, wodurch eine sogenannte Kantenrolle (= Bedeutungsinhalte, die einer Kante gegeben werden) nicht berücksichtigt werden muss. Allerdings kann der Fall auftreten, dass zwischen einer organisatorischen Einheit und einer Funktion mehrere solcher möglichen Kanten existieren (beispielsweise „nimmt teil", „führt aus" ...), wodurch eine Kante mehrere Bedeutungen[14] erhält. In diesem Fall wird die Existenz einer Kantenrolle unabdingbar.

3.4. Detaillierungsgrad

Eine zentrale Fragestellung beim Erstellungsprozess eines Modells stellt die Vorgabe eines Detaillierungsgrades dar. Wie in Abbildung 2 zu erkennen, gibt es verschiedene Einflüsse, die den Modell-Detaillierungsgrad bestimmen.

---

[12] Krallmann, H., Frank, H., Gronau, N.: Systemanalyse im Unternehmen, Oldenbourg Wissenschaftsverlag, 2002, S. 299
[13] Krechel, D.: Geschäftsprozesse und Workflowmanagement, Fachhochschule Wiesbaden, Medieninformatik, 2006, S.5
[14] Becker, J., et. al: Prozessmanagement: Ein Leitfaden Zur Prozessorientierten Organisations-gestaltung, 5. Ausgabe, Springer Japan 2005, Seite 79

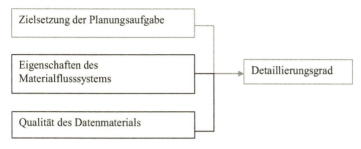

Abbildung 1: Einflüsse auf den Detaillierungsgrad[15]

Allerdings können, aufgrund einer unzureichenden Entscheidungsgrundlage zu Beginn der Planung, die Anforderungen, die von einem Materialflusssystem und dem Datenmaterial ausgehen, nicht eindeutig festgelegt werden.[16] Erst im späteren Verlauf der Modellierung können auch diese Anforderungen genauer konkretisiert werden, insbesondere durch eine gemeinsame Annäherung an den jeweilig besten Detaillierungsgrad durch intensive Absprachen der einzelnen Modellierer[17], sodass auch unabhängig voneinander erstellte Modelle einen ähnlichen Detailgrad aufweisen. Daher dominiert zu Beginn der Modellierung die Planungsaufgabe (auch: Modellierungszweck), in die Anforderungen an das Modell und die Ziele des Adressaten festgelegt sind, den Detaillierungsgrad.

Kriterien für einen hohen Detailgrad könnten beispielsweise sein, dass eine Einheitlichkeit in der Bearbeitung und dadurch eine intuitive Nachvollziehbarkeit bei der Modellierung vorhanden ist. Arbeiten nur wenige Modellierer an einem Modell, bzw. ist das Modell nicht sehr umfangreich, kann man stärker ins Detail gehen und behält trotzdem eine gewisse Übersichtlichkeit.

Flexibilität in der Aufgabenbearbeitung und somit eine Eigenständigkeit bzw. sogar Entscheidungskompetenz der Bearbeiter sind Kriterien für einen geringen Detailgrad. Unterliegt das Modell ständigen Veränderungen, werden Teile hinzugefügt, erweitert oder gelöscht, ist es nicht von Vorteil, einen sehr tiefen Detaillierungsgrad zu wählen, da sich die untergeordneten Schichten

---

[15] In Anlehnung an: Kumpf, A.: Anforderungsgerechte Modellierung von Materialflusssystemen zur planungsbegleitenden Simulation, Herbert Utz Verlag, 2001, S.94
[16] Kumpf, A.: Anforderungsgerechte Modellierung von Materialflusssystemen zur planungsbegleitenden Simulation, Herbert Utz Verlag, 2001, S.94
[17] Krechel, D.: Geschäftsprozesse und Workflowmanagement, Fachhochschule Wiesbaden, Medieninformatik, 2006, S.11

meist mit verändern müssen, wenn eine übergeordnete Schicht beispielsweise erweitert wird. Es kann somit festgehalten werden, dass, wenn der Prozess weitestgehend von den Mitarbeitern selbst gesteuert wird, keine Notwendigkeit besteht, ihn in alle einzelnen Tätigkeiten zu zerlegen.[18]

3.5. Grundsätze ordnungsgemäßer Modellierung (GoM)

3.5.1. Überblick

Die Grundsätze ordnungsgemäßer Modellierung (GoM) wurden in Anlehnung an die Grundsätze ordnungsgemäßer Buchführung (GoB) von J. Becker, M. Rosemann und R. Schütte 1995 verfasst. Die GoM setzen sich zum Ziel, generelle, und vor allem unabhängig von der jeweiligen Ausgangssituation des Anwenders, individuelle Gestaltungsempfehlungen zu entwerfen, die dazu dienen sollen, die Modellqualität zu erhöhen.[19] Die Betrachtung bezieht dabei nicht nur syntaktische Korrektheit, sondern auch semantische und organisatorische, sowie ökonomische Aspekte mit ein. Die Grundsätze ordnungsgemäßer Modellierung beziehen sich auf die Phase während der Modellierung.

Abbildung 2: Grundsätze ordnungsgemäßer Modellierung[20]

---

[18] Krechel, D.: Geschäftsprozesse und Workflowmanagement, Fachhochschule Wiesbaden, Medieninformatik, 2006, S.12
[19] Becker, J., et al. : Grundsätze ordnungsgemäßer Modellierung, Wirtschaftsinformatik 37, 1995, S.437
[20] Grundsätze ordnungsgemäßer Modellierung, http://blog.doubleslash.de/roter-faden-bei-der-prozessmodellierung/, Zugriff am 03.11.2010

Die GoM werden in sechs allgemeine Grundsätze gegliedert, die in Abbildung 1 zu erkennen sind. Diese Grundsätze werden im Folgenden genauer betrachtet.

3.5.2. Grundsatz der Richtigkeit

Der Grundsatz der Richtigkeit gliedert sich in syntaktische und semantische Richtigkeit. Erst wenn beide Ausprägungen gelten, gilt der Grundsatz der Richtigkeit als erfüllt.

Syntaktisch gilt ein Modell als richtig, wenn es „vollständig und konsistent gegenüber dem zugrunde liegenden Meta-Modell ist"[21], d.h. wenn die Notationsregeln bzw. die Informationsobjekte, die im Metamodell definiert wurden, eingehalten bzw. verwendet wurden. „Semantisch korrekt" trifft auf ein Modell zu, welches den zu beschreibenden Sachverhalt sowohl im Bezug auf die Struktur (z.B. die aufbauorganisatorische Hierarchie) als auch auf das beschriebene Verhalten (z.B. die Prozesse) korrekt abbildet[22]. Zusätzlich wird von dem Modell verlangt, dass keine Widersprüche innerhalb des Modells, sowie zu anderen Modellen vorhanden sind.

Zum Grundsatz der Richtigkeit allgemein zählen auch Namenskonventionen, die Regeln für die Bezeichnung von einzelnen Objekten und ganzen Modellen aufzeigen. Dadurch werden Problematiken wie Synonyme und Homonyme vermieden sowie logisch ableitbare Namen verwendet, wie beispielsweise die Benennung von Aktivitäten durch Verben: „Probleme dokumentieren" anstatt „Problemdokumentation", damit die „semantische Bedeutung des Sachverhaltes bereits aus der Benennung hervorgeht"[23].

3.5.3. Grundsatz der Relevanz

Der Grundsatz der Relevanz spaltet sich, ähnlich wie der Grundsatz der Richtigkeit, in zwei Bereiche auf. Zum einen muss das Modell explizit den

---

[21] Scheer, A-W.: ARIS - vom Geschäftsprozess zum Anwendungssystem, 4. Ausgabe, Springer 1999, S. 119
[22] Becker, J., et. al: Prozessmanagement: Ein Leitfaden Zur Prozessorientierten Organisationsgestaltung, 5. Ausgabe, Springer Japan 2005, Seite 48
[23] Becker, J., et al. : Grundsätze ordnungsgemäßer Modellierung, Wirtschaftsinformatik 37, 1995, S.438

relevanten Sachverhalt für die jeweilige Situation dokumentieren, damit das Hauptaugenmerk des Betrachters stets auf die wesentlichen Informationen gerichtet bleibt und darf zum anderen keine irrelevanten Informationen beinhalten[24], d.h. ein Modell muss so aufgebaut sein, dass, wenn man einen Teil entfernen würde, das Modell an Nutzen verlieren würde.

Aus dem Grundsatz der Relevanz ist die Folgerung abzuleiten, dass die Ziele des jeweiligen Modelles genau zu spezifizieren sind. Denn handelt es sich bei dem Modellersteller und dem Auftraggeber nicht um die gleiche Person, ist die Genauigkeit der Zieldefinition von größter Wichtigkeit, da es sonst zu Missständen kommen könnte.

3.5.4. Grundsatz der Wirtschaftlichkeit

Der Grundsatz der Wirtschaftlichkeit beschäftigt sich hauptsächlich mit dem Kosten-Nutzen-Vergleich. Der Nutzen, den ein Modell für den Anwender bringt, wird gegen die Kosten aufgewogen, die ein Modell verursacht, wobei sichergestellt werden muss, dass die Kosten den Nutzen nicht übersteigen.[25]

In der Praxis sind meist die Kosten zur Erstellung eines Modelles sehr viel einfacher zu bestimmen, als der Nutzen, da am Anfang relativ genau festgestellt werden kann, wie lange die Erstellung eines Modelles dauert, aber nicht, in wie weit es am Ende zur weiteren Verwendung nutzbar ist.

Um sicherzustellen, dass der Nutzen möglichst groß ist, kann man auf die Mehrfachnutzung von Strukturbausteinen[26] und auf die Verwendung von Referenzmodellen zurückgreifen. Referenzmodelle sind „übergeordnete Modelle, die den Ausgangspunkt für spezifische Modelle bilden"[27]. Sie werden somit mit der Intention geschaffen, bei der Konstruktion weiterer Modelle wiederverwendet zu werden. Daher ist es möglich, sehr detaillierte und tiefgehende Modelle in kurzer Zeit zu erschaffen, da man auf das Wissen aus den Referenzmodellen zurückgreifen kann und somit gleichzeitig den Nutzen zu maximieren und die Kosten zu minimieren.

---

[24] Becker, J., et. al: Prozessmanagement: Ein Leitfaden Zur Prozessorientierten Organisations-gestaltung, 5. Ausgabe, Springer Japan 2005, Seite 48
[25] Pohanka, C.: Geschäftsprozessmodellierung mit ereignisgesteuerten Prozessketten, Akademische Schriftenreihe, Grin Verlag, 2008, S. 7
[26] Kutsch, O.: Enterprise-Content-Management bei Finanzdienstleistern: Integration in Strategien, Prozesse und Systeme, DUV, 2005, S.281
[27] Corsten, H., Gössinger, R.: Einführung in das Supply Chain Management, Oldenbourg Wissenschaftsverlag, 2001, S.124

3.5.5. Grundsatz der Klarheit

Ähnlich wie bei dem Grundsatz der Relevanz ist auch der Grundsatz der Klarheit stark abhängig vom jeweiligen Adressaten. Allgemein kann festgehalten werden, dass ein Modell nur dann dem Grundsatz der Klarheit entspricht, wenn es von dem Nutzer inhaltlich auch verstanden wird. Es kann nicht von jedem Adressaten verlangt werden, dass er sämtliche Feinheiten der Modellierung kennt und anwenden kann. Daher sollte ein Modell intuitiv verstanden werden können, ohne dass eine Einarbeitung in die Lesbarkeit erfolgen muss. Somit gilt die Voraussetzung, dass die zum Modellverständnis erforderlichen methodischen Kenntnisse in einem Modell gering zu halten sind.[28]

Unter diesen Grundsatz fallen Aspekte wie Strukturiertheit, Übersichtlichkeit oder Lesbarkeit, welche in großem Maße dazu beitragen, dass das Modell einfach zu verstehen ist. Hierzu zählt beispielsweise auch, dass es Regeln gibt (Layoutkonventionen), die die grafische Anordnung der einzelnen Informationsobjekte zueinander vorgeben, sowie bei der Erschaffung von neuen Objekten oder der Erweiterung eines bestehenden Modelles vorschreiben, wie dies zu erledigen ist.[29]

Layoutkonventionen: In den meisten Fällen der Modellierung geht man davon aus, dass man das Modelllayout optimiert, indem man beispielsweise die Fläche verkleinert, die von einem Modell eingenommen wird, oder die maximale Kantenlänge minimiert. Allerdings beschränken sich Layoutkonventionen nicht nur auf die Größe des Modelles, sondern beschäftigen sich auch mit Farben, Formen und der Anordnung der einzelnen Symbole zueinander, sowie sämtliche Formatierungsangaben wie beispielsweise maximale Seitenbreite/-höhe, Seitenränder bzw. Kopf- und Fußzeile.[30]

Im Folgenden werden einige Beispiele genannt, die bei dem Erstellen des Layouts eines Modells zu beachten sind:

- Kantenüberschneidungen: Bei der Modellierung sollten Kantenüberschneidungen vermieden werden, damit das Modell möglichst

---

[28] Maaß, C.: E-business Management: Gestaltung von Geschäftsmodellen in der vernetzten Wirtschaft, Band 2991, Uni-Taschenbücher 2008, S.148

[29] Becker, J., et al. : Grundsätze ordnungsgemäßer Modellierung, Wirtschaftsinformatik 37, 1995, S.438

[30] Becker, J., et. al: Prozessmanagement: Ein Leitfaden Zur Prozessorientierten Organisationsgestaltung, 5. Ausgabe, Springer Japan 2005, Seite 79

übersichtlich bleibt.

- Modellierungsrichtung: Bereits beim Beginn der Modellierung legt man sich auf eine Modellierungsrichtung fest, entweder von oben nach unten oder von links nach rechts[31], um dem Modell eine einheitliche Form zu geben.
- Normal- und Ausnahmefälle: In einem von oben nach unten laufenden Prozessmodell (wie beispielsweise einer EPK) sollte der Normalfall eher links und die Ausnahme eher rechts stehen[32]. Wird diese Regel eingehalten, weiß der Adressat sofort wenn er das Modell betrachtet, welcher Ablauf den Normalfall und welcher die Ausnahme ist, ohne sich genauer in das Modell einlesen zu müssen.

Um den Aspekt der Übersichtlichkeit zu erreichen, ist es notwendig, den Umfang eines Modelles so gering wie möglich zu halten. Wie bereits im Grundsatz der Relevanz beschrieben, sollten nur notwendige Teile in ein Modell eingefügt werden. Allerdings ist zu beachten, dass eine Reduktion des Umfanges nicht Auswirkungen auf die Qualität des Modells hat.[33] Dieser Punkt steht meist im Konflikt mit dem Grundsatz der Richtigkeit. Inhalte, die zur Vollständigkeit des Modelles beitragen, dürfen nicht weggelassen werden. Allerdings wird das Modell durch wiederholtes Erweitern zunehmend unübersichtlicher und widerspricht dann dem Grundsatz der Klarheit. Man muss somit den optimalen Mittelweg erreichen.

Sehr harmonisch fügen sich allerdings der Grundsatz der Richtigkeit und der Grundsatz der Klarheit bei der Verwendung der Namenskonventionen ein. Durch die Vermeidung von Homonymen und Synonymen wird sichergestellt, dass das Modell eine intuitive Verständlichkeit erhält, welche den Adressaten nicht unnötig verwirrt.[34]

In der Praxis werden meist grafische Modelle genutzt, da diese am einfachsten und intuitivsten zu verstehen sind und meist einen schnelleren Überblick über die Problemstellung geben als andere Modellierungsmethoden.[35]

---

[31] Krechel, D.: Geschäftsprozesse und Workflowmanagement, Fachhochschule Wiesbaden, Medieninformatik, 2006, S.8

[32] Becker, J., et. al: Prozessmanagement: Ein Leitfaden Zur Prozessorientierten Organisationsgestaltung, 5. Ausgabe, Springer Japan 2005, Seite 79

[33] Pohanka, C.: Geschäftsprozessmodellierung mit ereignisgesteuerten Prozessketten, Akademische Schriftenreihe, Grin Verlag, 2008, S. 8

[34] Becker, J., et al. : Grundsätze ordnungsgemäßer Modellierung, Wirtschaftsinformatik 37, 1995, S.439

[35] Pohanka, C.: Geschäftsprozessmodellierung mit ereignisgesteuerten Prozessketten, Akademische Schriftenreihe, Grin Verlag, 2008, S. 8

3.5.6. Grundsatz der Vergleichbarkeit

Bei dem Grundsatz der Vergleichbarkeit kann – wie auch beim Grundsatz der Richtigkeit – in eine syntaktische und eine semantische (oder inhaltliche) Vergleichbarkeit unterschieden werden.

Die syntaktische Vergleichbarkeit beschäftigt sich mit dem Vergleich von Modellen, die in verschiedenen Modellierungssprachen erstellt wurden. Verschiedene Modellierungssprachen sollten nicht dazu führen, dass die Modelle nicht mehr miteinander verglichen werden können, da zu starke Unterschiede in den jeweiligen Sprachen vorhanden sind. In der Praxis kann der Fall auftreten, dass verschiedene Abteilungen auch verschiedene Modellierungsmethoden und –sprachen (bspw. Petri Netze, EPKs, UML...) verwenden. Wäre der Grundsatz der Vergleichbarkeit nicht vorhanden, könnten weder abteilungsübergreifend noch unternehmensübergreifend Modelle ausgetauscht werden, da die Modelle nicht miteinander kompatibel wären und sich jeder Mitarbeiter erst in eine neue Modellierungssprache einarbeiten müsste, bevor er das Modell verstehen könnte. Die jeweiligen Abteilungen könnten sich evtl. durch Absprachen auf eine Modellierungssprache einigen, allerdings bei international kooperierenden Unternehmen wäre eine solche Einigung mit sehr großem Zeit- und Kostenaufwand verbunden und daher meist nicht möglich.

Mit so genannten „Beziehungsmetamodellen" ist es möglich, Modelltypen in andere zu überführen. Somit können die jeweiligen Abteilungen oder Unternehmen durch einfache Regeln die Modelle anderer verstehen und weiterverarbeiten. Trotz diesen „Beziehungsmetamodellen" ist es allerdings von Vorteil, möglichst wenige unterschiedliche Methoden und Sprachen zu verwenden, um nicht gegen andere Grundsätze (Klarheit, Wirtschaftlichkeit) zu verstoßen.[36]

Die semantische Vergleichbarkeit bezieht sich auf den Inhalt von Modellen und wird daher auch inhaltliche Vergleichbarkeit genannt. Modelle, die inhaltlich ähnlich oder gleich sind, sollten vergleichbar sein und auch durch Erweiterungen noch immer vergleichbar bleiben. Beispielsweise können so Referenzmodelle mit unternehmensspezifischen Sollmodellen verglichen werden um Verbesserungspotentiale oder Probleme aufzuzeigen.[37]

---

[36] Pohanka, C.: Geschäftsprozessmodellierung mit ereignisgesteuerten Prozessketten, Akademische Schriftenreihe, Grin Verlag, 2008, S. 8
[37] Becker, J., et al. : Grundsätze ordnungsgemäßer Modellierung, Wirtschaftsinformatik 37, 1995, S.439

3.5.7. Grundsatz des systematischen Aufbaus

Modelliert man ein komplexes Modell, so ist es notwendig, das Modell in verschiedene Sichten aufzugliedern. Diese Aufgliederung erhöht vor allem die Übersichtlichkeit, verringert die Komplexität (vgl. Grundsatz der Klarheit) und das Modell kann in seiner Gesamtheit vom Adressat besser verstanden werden.

Damit das Modell in verschiedene Sichten aufgegliedert werden kann, müssen zwei wesentliche Aspekte berücksichtigt werden[38]:

1. Die verschiedenen Sichten des Modells müssen auf einem sichtenübergreifenden Metamodell[39] (siehe Kapitel 3.2) basieren, welches einen strukturierten Rahmen bildet, damit die Sichten korrekt in die Gesamtheit eingeordnet werden können. Somit behält der Adressat stets den Überblick über das ganze Modell und weiß, wenn er sich einzelne Sichten daraus ansieht, wie diese in die Gesamtheit zu integrieren sind und wie die einzelnen Verbindungen untereinander bestehen.

2. Die Modellierung einer einzelnen Sicht sollte immer im Zusammenhang mit den anderen Sichten erfolgen, sodass stets eine Verbindung zwischen allen Sichten besteht. Das bedeutet auch, dass man wohldefinierte Schnittstellen zu korrespondierenden Modellen erschaffen muss, da ein Modell stets nur ein Teilaspekt eines Ausschnittes aus der Realität darstellt[40].

In der folgenden Tabelle sind die GoM noch einmal zusammengefasst:

Nummer	Grundsatz
1)	Grundsatz der Richtigkeit
2)	Grundsatz der Relevanz
3)	Grundsatz der Wirtschaftlichkeit
4)	Grundsatz der Klarheit
5)	Grundsatz der Vergleichbarkeit
6)	Grundsatz des systematischen Aufbaus

Tabelle 1: Grundsätze ordnungsgemäßer Modellierung

---

[38] Becker, J., et al. : Grundsätze ordnungsgemäßer Modellierung, Wirtschaftsinformatik 37, 1995, S.439
[39] Reinshagen, F.: Konzepte einer komprimierten Informationsversorgung für die interne Führung und externe Performance-Kommunikation grosser Publikumsgesellschaften, Logos Verlag Berlin GmbH, 2009, Universität St. Gallen S.195
[40] Becker, J., et. al: Prozessmanagement: Ein Leitfaden Zur Prozessorientierten Organisations-gestaltung, 5. Ausgabe, Springer Japan 2005, Seite 49

3.6. Seven Process Modeling Guidelines (7PMG)

Mendling, Reijers und van der Aalst stellen die Seven Process Modeling Guidelines[41] (7PMG) vor. Es handelt sich hierbei um 7 Richtlinien, die bei der Erstellung von (hier: Geschäfts-) Prozessmodellen beachtet werden sollten. Mit diesen Richtlinien soll gewährleistet werden, dass bei dem Erstellungsprozess eines Modelles weniger Fehler auftreten und die Modelle verständlich und überschaubar bleiben.

Die 7PMG wurden von Mendling et. al. aufgrund von empirischen Untersuchungen zur Verständlichkeit, Fehleranfälligkeit und Labeldoppeldeutigkeit von Prozessmodellen aufgestellt und speziell für die Ereignisgesteuerte Prozesskette (EPK) festgelegt. Die sieben Richtlinien werden wie folgt definiert:

- G1 – So wenige Elemente wie möglich: Je weniger Elemente ein Modell hat, desto größer ist seine Übersichtlichkeit und desto geringer ist seine Fehleranfälligkeit. Gleichzeitig ist es für den Anwender einfacher, das Modell zu verstehen und es muss keine lange Einarbeitung stattfinden.
- G2 – Minimiere Verzweigungen: Je weniger Verzweigungen an einem Element vorhanden sind, desto unübersichtlicher wird das gesamte Modell.
- G3 – Ein Start- und Endereignis: Wenn Start und Ende genau definiert sind, weiß der Anwender sofort, wann welches Modell eingesetzt wird. Je mehr Start- und Endereignisse existieren, desto höher wird die Fehlerwahrscheinlichkeit.
- G4 – Strukturiert: Ist während des gesamten Erstellungsprozesses gewährleistet, dass das Modell strukturiert (hier: auf jeden öffnenden Konnektor folgt der zugehörige schließende Konnektor) modelliert wird, treten weniger Fehler auf und das Modell ist besser verständlich.
- G5 – Vermeide OR-Konnektoren: Modelle, die nur aus AND- und XOR- Konnektoren bestehen, sind weniger fehleranfällig, da Mehrdeutigkeiten in der Semantik der OR-Konnektoren vorhanden und diese dadurch nicht genau definiert sind.
- G6 – Verb-Objekt Bezeichnungen: Verb-Objekt Bezeichnungen wie „Informiere Kunde" werden allgemein als eindeutiger und prägnanter gesehen, als „Der Kunde wird informiert".

---

[41] Mendling, J., et. al: Seven Process Modeling Guidelines (7PMG), Humboldt University, Berlin, 2009, S. 1

- G7 – Unterteilen: Bei Modellen mit mehr als 50 Elementen wird empfohlen, mehrere kleine Modelle zu erstellen und das eigentliche Modell somit aufzuspalten, da bei großen Modellen mit mehr als 50 Elementen die Fehleranfälligkeit bei mehr als 50%[42] liegt.

In der folgenden Tabelle sind die 7PMG noch einmal zusammengefasst dargestellt:

Nummer	Richtlinie
G1	Benutze so wenige Elemente wie möglich in einem Modell
G2	Minimiere die Verzweigungen pro Element
G3	Benutze ein Start- und ein Endereignis
G4	Modelliere so strukturiert wie möglich
G5	Vermeide OR-Konnektoren
G6	Benutze Verb-Objekt Bezeichnungen für Labels
G7	Hat ein Modell mehr als 50 Elemente, teile es auf

Tabelle 2: Seven Process Modeling Guidelines[43]

3.7. Modellierungskonventionen von Lindland et al.

O.I. Lindland, G. Sindre und A. Solvberg haben 1994 ein Konzept vorgeschlagen, um eine genaue Spezifikation der Anforderungen an Modelle zu erschaffen und somit die Qualität der daraus folgenden Produkte zu erhöhen. An bestehenden Konventionen kritisierten Sie, dass nur die wichtigsten Ziele genannt, allerdings kein Hinweis darauf gegeben wurde, wie man diese Ziele erreichen kann.[44]

Die Qualitätskriterien von Lindland et al. sind an drei Konzepte der Linguistik angelehnt, da die Autoren festgestellt haben, dass „Modellierung im Wesentlichen Geben von Anweisungen in einer bestimmten Sprache[45]" ist. Die drei linguistischen Konzepte sind:

---

[42] Mendling, J., et. al: Seven Process Modeling Guidelines (7PMG), Humboldt University, Berlin, 2009, S. 11
[43] In Anlehnung an: Mendling, J.: Metrics for Process Models: Empirical Foundations of Verification, Error Prediction, and Guidelines for Correctness, Springer Verlag Japan, 2008, S.153
[44] Lindland, I.O., et al. : Understanding Quality in Conceptual Modeling, University of Trondheim, IEEE Software, März 1994, S.42
[45] Original Zitat: „...we recognize that modeling is essentially making statements in some language." Lindland, I.O., et al. : Understanding Quality in Conceptual Modeling, University of Trondheim, IEEE Software, März 1994, S.42

- Syntax: Stellt die Beziehung zwischen dem Modell und der Modellierungssprache her und überprüft, wie gut beide miteinander harmonieren. Die Syntaktische Korrektheit ist gegeben, wenn alle Bereiche des Modelles in der Modellierungssprache abgebildet werden.
- Semantik: Überprüft, wie genau das Modell in das Wissensgebiet („Domain": enthält alle relevanten Informationen zur Lösung des vorgegebenen Problems) eingebettet ist und ob alle Aussagen, die in dem Modell gemacht werden, konsistent zur Domain sind.
- Pragmatik: Hier wird die Verbindung des Modelles mit dem Modelladressaten hergestellt. Dieser muss das Modell verstehen, um mit ihm weiterarbeiten zu können. Ist dieser Punkt nicht gegeben, wird das Modell als fehlerhaft bezeichnet.

Tabelle 3 zeigt das Qualitätskonzept von Lindland et al. welches als Unterstützung für die Erstellung von Modellen herangezogen werden kann. Dargestellt sind die Ziele, die zu erreichen sind um eine Qualitätsverbesserung zu bewirken und die Mittel, die zu verwenden sind um diese Ziele zu erreichen, ausgehend von den bereits genannten linguistischen Konzepten. Möchte man beispielsweise das Ziel der Verständlichkeit erfüllen, sollte das Modell ausführbar und strukturiert sein und man sollte so viel wie möglich, jedoch so wenig wie nötig Elemente in das Modell einfügen. Durch Erklärungen, Visualisierungen, Simulationen etc. kann man die Verständlichkeit des Modelles direkt in der Modellierungssprache erhöhen.

	Ziele	Hilfsmittel	
		Modelleigenschaften	Modellierungsaktivitäten
Syntaktisch	Syntaktische Korrektheit	Formale Syntax	Syntaxüberprüfung
Semantisch	- Realisierbare Validität - Möglichkeit der Vervollständigung	- Formale semantische Modifizierbarkeit	- Konsistenzüberprüfung - Einfügen von Anweisungen - Entfernen von Anweisungen
Pragmatisch	- Verständlichkeit	- Ausführbar - Sinnvolle Einsparungen - Strukturiertheit	- Untersuchung - Visualisierung - Animation - Erklärung - Simulation - Filterung

Tabelle 3: Qualitätskriterien nach Lindland et al.[46]

---

[46] In Anlehnung an: Lindland, I.O., et al. : Understanding Quality in Conceptual Modeling, University of Trondheim, IEEE Software, März 1994, S.45

4. Umsetzung von Modellierungskonventionen in der Ereignisgesteuerten Prozesskette (EPK)

4.1. Überblick

Die Ereignisgesteuerte Prozesskette ist eine grafische Modellierungssprache, die 1992 an der Universität des Saarlandes unter Leitung von August-Wilhelm Scheer im Rahmen eines Forschungsprojektes mit der SAP AG entwickelt wurde.

Die Hauptelemente einer EPK sind Funktionen (darzustellen als Rechtecke mit abgerundeten Ecken), Ereignisse (darzustellen als Sechsecke) und Konnektoren: „AND" Ⓐ (splittet den Kontrollfluss in zwei Bereiche auf, der Kontrollfluss wird erst weitergeführt, wenn beide Bereiche durchlaufen wurden), „OR" Ⓥ (splittet den Kontrollfluss in zwei Bereiche auf, der Kontrollfluss durchläuft entweder den ersten, oder den zweiten, oder beide Bereiche) und „XOR" Ⓧ (splittet den Kontrollfluss in zwei Bereiche auf, der Kontrollfluss durchläuft entweder nur den ersten oder nur den zweiten Bereich).

Im Folgenden werden die im vorherigen Kapitel genannten Modellierungskonventionen auf die Ereignisgesteuerte Prozesskette angewandt und jeweils an einem einfachen Beispielszenario zur Warenprüfung verdeutlicht.

4.2. Das Metamodell

Möchte man ein Modell zur Warenprüfung erstellen ist es auch hier von großer Bedeutung, das Modell in ein Metamodell einzubetten, bevor der Erstellungsprozess beginnt. Als Metamodell könnte man hier definieren, welche Produkte und Lieferanten in Frage kommen, welche Rücksendemöglichkeiten bestehen oder an welchen Stellen die eingekauften Waren eingeordnet werden müssen.

Desweiteren werden in einem Metamodell die Elemente festgelegt, die zur Modellierung verwendet werden dürfen. Da es sich in diesem Szenario um einen einfachen Fall handelt, beschränkt man sich auf Ereignisse, Funktionen, Konnektoren und Kontrollflüsse, die Grundelemente der EPK. Genauer werden die Modellierungselemente im folgenden Kapitel erklärt.

4.3. Modellierungselemente

Im vorherigen Kapitel wurden die zu verwendenden Modellierungselemente bereits angesprochen. Da man sich auf die Ereignisgesteuerte Prozesskette festgelegt hat, sollten nun die Elemente weiter definiert und die Regeln genau abgegrenzt werden, dies geschieht in Anlehnung an Kapitel 3.3.

- Modellattribute: Da es sich um ein einfaches Beispiel zur Warenprüfung handelt und man sich auf die EPK und nicht auf die eEPK festgelegt hat, werden keine Modellattribute benötigt. Wäre der Rahmen etwas weiter gefasst, könnte man beispielsweise den Teil der Warenprüfung durch die Organisationseinheit „Wareneingang" erweitern.
- Objekttypen: Für die Objekttypen gilt das gleiche wie bei den Modellattributen, da man sich auf die EPK und nicht die eEPK festgelegt hat.
- Objektattribute: Da keine Objekttypen vorhanden sind, gibt es auch keine Objektattribute.
- Kantenrollen: In dem aktuellen Beispiel folgen die Kanten der Richtung des Kontrollflusses und dadurch müssen Kantenrollen nicht berücksichtigt werden.

4.4. Detaillierungsgrad

Wie in Kapitel 3.4 bereits erwähnt, wird der Detaillierungsgrad zu diesem Zeitpunkt der Planung hauptsächlich von der Zielsetzung der Planungsaufgabe beeinflusst. Da es sich im Beispielszenario um eine Warenprüfung handelt, die sehr einfach gehalten werden soll, und das Modell somit insgesamt nicht umfangreich wird, kann bei der Wahl des Detaillierungsgrades stärker ins Detail gegangen werden. Außerdem unterliegt der Ablauf der Warenprüfung keinen sehr großen Änderungen sodass mit einem stärker ins Detail gehenden Modell keine Fehler durch ständige Neuerungen entstehen.

4.5. Grundsätze ordnungsgemäßer Modellierung

4.5.1. Grundsatz der Richtigkeit

Für die EPK sind bereits zu Beginn grundlegende Regeln aufgestellt worden, die bei der Erstellung eines Modells zu berücksichtigen sind. Eine EPK gilt

daher als richtig, wenn folgende Punkte erfüllt sind:

- Eine EPK beginnt und endet mit einem Ereignis
- Funktionen und Ereignisse wechseln sich ab
- Funktionen und Ereignisse werden durch gerichtete Kanten (Pfeile) miteinander verbunden
- Ein Ereignis darf keine Entscheidungen treffen, daher darf nach einem Ereignis nur ein „AND" Konnektor folgen.
- Auf eine Funktion dürfen alle Konnektoren folgen.
- Der Kontrollfluss wird mit dem Konnektor wieder zusammengeführt (wenn notwendig), mit dem er aufgesplittet wurde.

Zum Grundsatz der Richtigkeit gehören weiterhin auch Namenskonventionen. Diese sind in der EPK auch grundlegend verankert:

- Ereignisse drücken einen Zustand aus, und werden daher mit Substantiv + sein + Verbform (z.B.: „Kundenanfrage ist eingetroffen") benannt.
- Funktionen stellen Tätigkeiten dar, und werden dadurch mit Substantiven und Infinitiven (z.B.: „Kundendaten erfassen") benannt

In Abbildung 3 steht eine syntaktisch und semantisch richtige EPK einer inkorrekten EPK gegenüber:

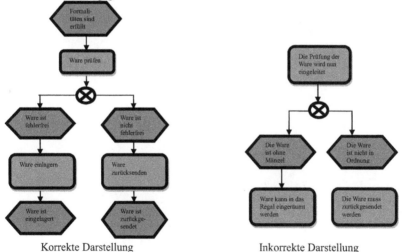

Korrekte Darstellung   Inkorrekte Darstellung

Abbildung 3: Gegenüberstellung Grundsatz der Richtigkeit

In der Darstellung rechts wurden folgende Verstöße gegen den Grundsatz der Richtigkeit begangen:

- Die EPK beginnt und endet nicht mit einem Ereignis
- Namenskonventionen wurden verletzt
- Die Funktionen und Ereignisse wurden nicht konsistent mit gerichteten Kanten miteinander verbunden

4.5.2. Grundsatz der Relevanz

Die zwei Hauptaspekte des Grundsatzes der Relevanz sind die Dokumentation des relevanten Sachverhaltes und die Vermeidung irrelevanter Informationen. Im folgenden Beispiel (Abbildung 4) werden jeweils eine korrekte und eine inkorrekte EPK gegenübergestellt.

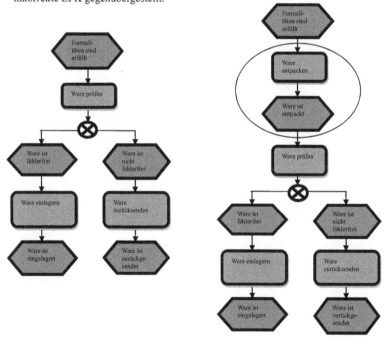

Korrekte Darstellung   EPK mit irrelevanten Informationen

Abbildung 4: Gegenüberstellung Grundsatz der Relevanz

In Abbildung 4 wurde zu der ursprünglichen EPK der Aspekt des Entpackens hinzugefügt. Allerdings kann dieser Aspekt vernachlässigt werden, da man, ohne das Produkt genauer zu untersuchen, nicht feststellen kann ob es beschädigt ist oder nicht. Die Information des Entpackens ist also implizit mit in dem Punkt „Ware prüfen" vorhanden.

4.5.3. Grundsatz der Wirtschaftlichkeit

Bei dem Grundsatz der Wirtschaftlichkeit geht es im Vordergrund um einen Kosten-Nutzen-Vergleich. Da man bei dem vorliegenden Beispiel sehr gut auf ein Referenzmodell zurückgreifen kann, da der Vorgang einer Warenprüfung in jedem Unternehmen ähnlich bis gleich ist, und für diesen Fall einige Referenzmodelle bereits existieren, kann man in diesem Fall einen sehr genauen Kosten-Nutzen-Vergleich erstellen und somit die Kosten minimieren und den Nutzen maximieren. Das Referenzmodell muss nur sehr oberflächlich an das jeweilige Unternehmen angepasst werden, was einen hohen Zeitaufwand erspart.

4.5.4. Grundsatz der Klarheit

Um den ersten Punkt des Grundsatzes der Klarheit zu erfüllen (das Modell muss vom Adressaten verstanden werden) wurde das Beispielszenario sehr einfach gewählt und nur die notwendigsten Attribute verwendet. Gleichzeitig reduzierte sich somit auch der Umfang des gesamten Modells.

Layoutkonventionen, die ein Teil des Grundsatzes der Klarheit darstellen, werden nun an dem Beispielszenario verdeutlicht, wobei links eine korrekte und rechts eine inkorrekte EPK dargestellt wird.

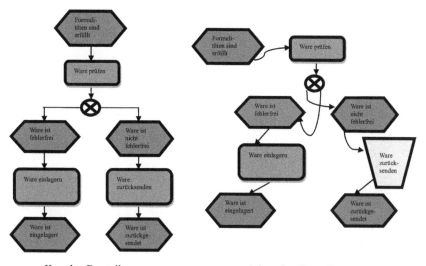

Korrekte Darstellung   Inkorrekte Darstellung

Abbildung 5: Gegenüberstellung Layoutkonventionen

Im rechten Teil der Abbildung 5 ist die Inkorrekte Darstellung einer EPK zu erkennen. Hier kann man folgende Fehler feststellen:

- Kantenüberschneidungen treten auf
- die Flussrichtung wechselt von anfangs links nach rechts zu oben nach unten
- Die Farbe der jeweiligen Symbole variiert
- Die Form der verwendeten Symbole ist nicht einheitlich

Durch diese Fehler erscheint das Modell unübersichtlich und es ist fast nicht mehr als EPK zu erkennen, obwohl es den gleichen Sachverhalt wie die korrekte EPK darstellt.

4.5.5. Grundsatz der Vergleichbarkeit

Der Grundsatz der Vergleichbarkeit teilt sich, wie bereits in Kapitel 3.5.6 beschrieben, in syntaktische und semantische Vergleichbarkeit auf.

- Syntaktische Vergleichbarkeit: In dem aktuellen Beispiel könnte als Beziehungsmetamodell das bereits erwähnte Referenzmodell dienen. Auf dieses können alle Vorgänge, die sich mit der Warenprüfung

24

beschäftigen, aufbauen und somit ist sichergestellt, dass sich alle erstellten Modelle miteinander vergleichen lassen.

- Semantische Vergleichbarkeit: Hier muss sichergestellt werden, dass das Modell auch durch Erweiterungen vergleichbar mit anderen Modellen bleibt. Dadurch, dass ein Referenzmodell dem Erstellungsprozess zugrunde gelegt werden kann, bleibt das Modell von Grund auf gleich und wird somit auch in der gleichen Modellierungssprache erweitert. Dadurch können keine Probleme im Bereich des Vergleichens mit anderen Modellen auftreten.

4.5.6. Grundsatz des systematischen Aufbaus

Der Grundsatz des systematischen Aufbaus entfällt in unserem Beispiel, da es sich um ein sehr einfaches Modell handelt, welches nicht in verschiedene Sichten aufgegliedert werden muss um die Verständlichkeit zu erhöhen.

4.6. Seven Process Modeling Guidelines

Die folgende EPK wurde nach den 7PMGs erstellt und erfüllt alle Kriterien:

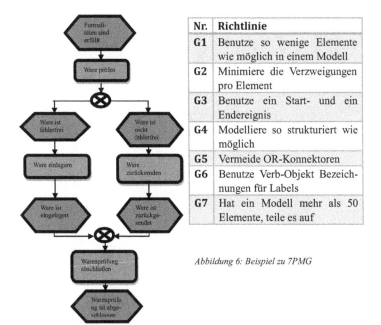

Nr.	Richtlinie
G1	Benutze so wenige Elemente wie möglich in einem Modell
G2	Minimiere die Verzweigungen pro Element
G3	Benutze ein Start- und ein Endereignis
G4	Modelliere so strukturiert wie möglich
G5	Vermeide OR-Konnektoren
G6	Benutze Verb-Objekt Bezeichnungen für Labels
G7	Hat ein Modell mehr als 50 Elemente, teile es auf

Abbildung 6: Beispiel zu 7PMG

25

4.7. Modellierungskonventionen nach Lindland et al.

In der folgenden Abbildung kann man eine EPK erkennen, die alle drei linguistischen Konzepte erfüllt, auf denen das Qualitätskonzept von Lindland et al. aufbaut. Da allerdings die Möglichkeit des Einfügens bzw. des Entfernens von Anweisungen gegeben sein muss, wurde die EPK um eine Notizfunktion erweitert.

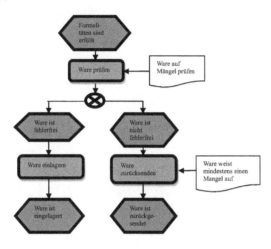

Abbildung 7: Beispiel zu Modellierungskonventionen nach Lindland et al.

5. Fazit und Ausblick

Die vorliegende Seminararbeit hat verschiedene Modellierungskonventionen aufgezeigt, die dazu dienen, Modelle strukturierter zu erstellen und dadurch eine Qualitätsverbesserung zu erreichen.

Die Grundsätze der ordnungsgemäßen Modellierung gehen dabei am Stärksten ins Detail, in welcher Weise man ein Modell erstellen sollte, sodass es vergleichbar mit anderen Modellen bleibt. Allerdings sind sie für die Erstellung von kleineren Modellen, wie im Beispielszenario gezeigt, zu umfangreich, da z.b. Punkte wie der „Grundsatz des systematischen Aufbaus" entfallen. Die 7PMGs zeigen konkret sieben Regeln auf, die als Anweisungen zu verstehen sind, damit ein Modell als korrekt angesehen werden kann. Die 7PMGs sind jedoch, im Vergleich zu den GoM, sehr viel kürzer gefasst und beziehen sich nur auf die Erstellung des Modelles und nicht auf beispielsweise die Wirtschaftlichkeit oder die Richtigkeit. Die Qualitätskriterien von Lindland et al. beziehen den linguistischen Aspekt mit ein und bringen somit die Konventionen auf eine neue Ebene. Den Aspekt der Wirtschaftlichkeit oder der Richtigkeit beziehen Sie allerdings auch nicht mit ein.

Es hat sich gezeigt, dass keine der angesprochenen Modellierungskonventionen für sich alleine eine zufriedenstellende Lösung darstellt. Daher wäre eine Mischung aus allen Modellierungskonventionen zur Unterstützung des Erstellungsprozesses eines generellen Modells von Vorteil. Möchte man sich auf ein bestimmtes Gebiet spezialisieren, z.B. wenn es sich um ein sehr kleines Modell handelt (geeignet: 7PMG) oder um ein sehr umfangreiches (geeignet: GoM), kann man die passende einzelne Modellierungskonvention anwenden.

6. Literaturverzeichnis

Becker, J., et. al.: Prozessmanagement: Ein Leitfaden Zur Prozessorientierten Organisationsgestaltung, 5. Ausgabe, Springer Japan 2005

Becker, J., et al. : Grundsätze ordnungsgemäßer Modellierung, Wirtschaftsinformatik 37, 1995

Becker, J., Schütte, R.: Handelsinformationssysteme: Domänenorientierte Einführung in die Wirtschaftsinformatik, MI Wirtschaftsbuch, 2004

Bossel, H.: Modellbildung und Simulation: Konzepte, Verfahren und Modelle zum Verhalten dynamischer Systeme, Braunschweig, 2. Auflage, Vieweg 1992

Corsten, H., Gössinger, R.: Einführung in das Supply Chain Management, Oldenbourg Wissenschaftsverlag, 2001

Freud, J., Götzer, K.: Vom Geschäftsprozess zum Workflow: Ein Leitfaden für die Praxis, Hanser Verlag 2008

Klabunde, S.: Wissensmanagement in der integrierten Produkt- und Prozessgestaltung- Best-practice-modelle zum Management von Meta-Wissen, DUV 2003

Krallmann, H., Frank, H., Gronau, N.: Systemanalyse im Unternehmen, Oldenbourg Wissenschaftsverlag, 2002

Krechel, D.: Geschäftsprozesse und Workflowmanagement, Fachhochschule Wiesbaden, Medieninformatik, 2006

Kumpf, A.: Anforderungsgerechte Modellierung von Materialflusssystemen zur planungsbegleitenden Simulation, Herbert Utz Verlag, 2001

Kutsch, O.: Enterprise-Content-Management bei Finanzdienstleistern: Integration in Strategien, Prozesse und Systeme, DUV, 2005

Lindland, I.O., et al. : Understanding Quality in Conceptual Modeling, University of Trondheim, IEEE Software, März 1994

Maaß, C.: E-business Management: Gestaltung von Geschäftsmodellen in der vernetzten Wirtschaft, Band 2991, Uni-Taschenbücher 2008

Mendling, J., et. al: Seven Process Modeling Guidelines (7PMG), Humboldt University, Berlin, 2009

Mendling, J.: Metrics for Process Models: Empirical Foundations of Verification, Error Prediction, and Guidelines for Correctness, Springer Verlag Japan, 2008

Pohanka, C.: Geschäftsprozessmodellierung mit ereignisgesteuerten Prozessketten, Akademische Schriftenreihe, Grin Verlag, 2008

Reinshagen, F.: Konzepte einer komprimierten Informationsversorgung für die interne Führung und externe Performance-Kommunikation grosser Publikumsgesellschaften, Logos Verlag Berlin GmbH, 2009, Universität St. Gallen

Richter-von Hagen, C., Stucky, W.: Business-process- und Workflow-management - Verbesserungen durch Prozessmanagement, Vieweg + Teubner Verlag 2004

Scheer, A-W.: ARIS - vom Geschäftsprozess zum Anwendungssystem, 4. Ausgabe, Springer 1999

Stachowiak, H.: Allgemeine Modelltheorie. Wien, New York, Springer 1973

Wagner, K.W, Patzak, G.: Performance excellence - Der Praxisleitfaden zum effektiven Prozessmanagement, Hanser Verlag 2007